Impressum
Verlag: BABADADA GmbH, Nedderfeld 112 , 22529 Hamburg
Geschäftsführer / Verlagsleitung: Harald Hof
Druck: Books on Demand GmbH, In de Tarpen 42, 22848 Norderstedt

Imprint
Publisher: BABADADA GmbH, Nedderfeld 112 , 22529 Hamburg, Germany
Managing Director / Publishing direction: Harald Hof
Print: Books on Demand GmbH, In de Tarpen 42, 22848 Norderstedt, Germany

դպրոց
школа

մատյան
классная комната
բաժանել
делить
186/2
գրատախտակ
доска
ուսուցիչ
учитель
խաղադաշտ
школьный двор
թուղթ
бумага
գրել
писать
գրիչ
ручка
գրասեղան
письменный стол
քանոն
линейка
գիրք
книга
աշակերտ
ученик

պայուսակ

ранец

գրչատուփ

пенал

մատիտ

карандаш

մատիտի սրիչ

точилка

ռետին

ластик

նկարչական ալբոմ

альбом для рисования

նկարչություն

рисунок

վրձին

кисточка

ներկերի տուփ

коробка красок

մկրատ

ножницы

սոսինձ

клей

տետր

тетрадь

Տնային աշխատանք

домашняя работа

թիվ

цифра

գումարել

прибавлять

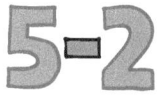

հանել

вычитать

բազմապատկել

умножать

հաշվել

считать

տառ

буква

այբուբեն

алфавит

բառ

слово

տեքստ

текст

կարդալ

читать

կավիճ

мел

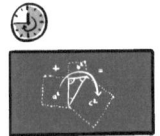

դաս

урок

մատյան

классный журнал

քննություն

экзамен

վկայական

диплом

դպրոցական համազգեստ

школьная форма

կրթություն

образование

հանրագիտարան

энциклопедия

համալսարան

университет

մանրադիտակ

микроскоп

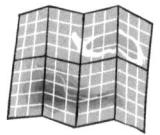

քարտեզ

карта

աղբարկղ

корзина для бумаг

ճանապարհորդություն

путешествие

հյուրանոց
гостиница
Grand
հանրակացարա
ն
турбаза
փոխանակման կետ
пункт обмена валюты
ճամպրուկ
чемодан
ավտոմեքենա
автомобиль

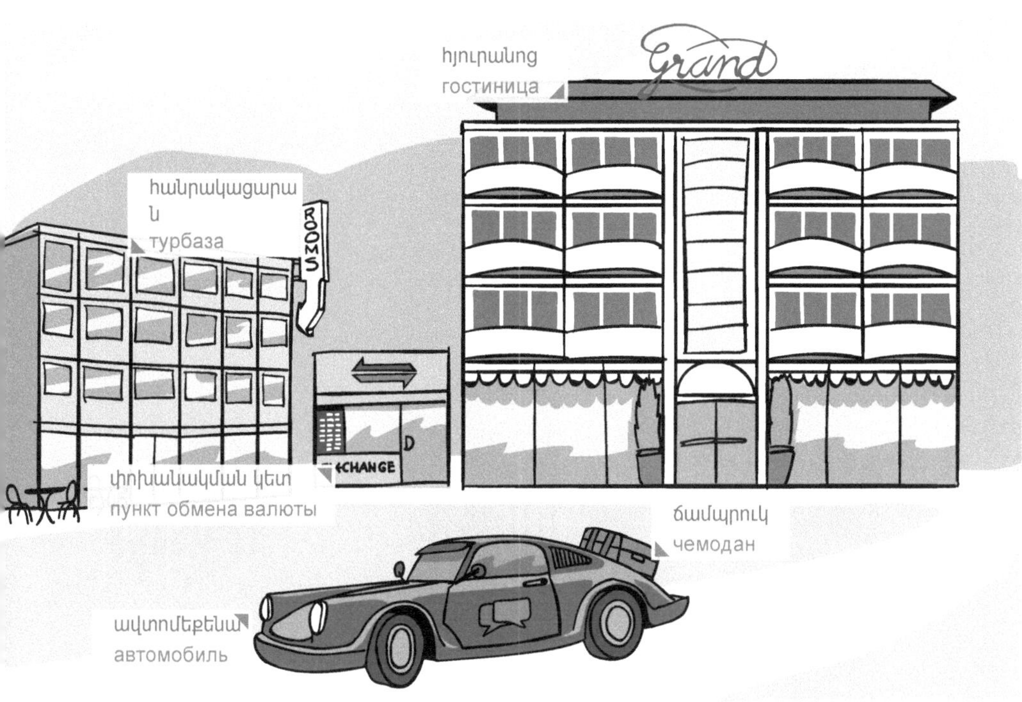

լեզու

язык

այո / ոչ

да / нет

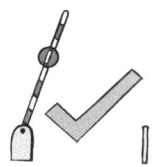

Լավ

хорошо

ողջույն

Привет

թարգմանիչ

переводчик

Շնորհակալություն

Спасибо

Որքա՞ն է ...?

Сколько стоит…?

Ես չեմ հասկանում

Я не понимаю

խնդիր

проблема

Բարի երեկո

Добрый вечер!

Բարի լույս

Доброе утро!

Բարի երեկո

Доброй ночи!

ցտեսություն

До свидания

ուղղություն

направление

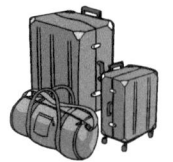

ուղեբեռ

багаж

պայուսակ

сумка

մեջքի պայուսակ

рюкзак

հյուր

гость

սենյակ

комната

քնապարկ

спальный мешок

վրան

палатка

Զբոսաշրջության
տեղեկատվական

туристическая
информация

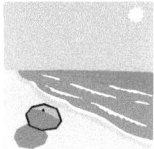

լողափ

пляж

ԿՐԵԴԻՏ քարտ

кредитная карточка

նախաճաշ

завтрак

լանչ

обед

ճաշ

ужин

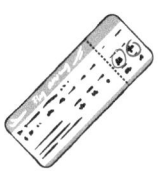

տոմս

билет

վերելակ

лифт

կնիք

почтовая марка

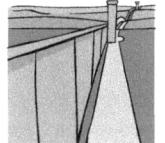

սահման

граница

մաքսային

таможня

դեսպանություն

посольство

մուտքի արտոնագիր

виза

անձնագիր

паспорт

Փոխադրամիջոցներ

транспорт

ինքնաթիռ
самолёт
նավ
корабль
հրշեջ մեքենա
пожарный автомобиль
ավտոբուս
автобус
բեռնատար մեքենա
грузовик
մոտորանավակ
моторная лодка
ավտոմեքենա
автомобиль
հեծանիվ
велосипед

լաստանավ

паром

նավակ

лодка

մոտոցիկլ

мотоцикл

ոստիկանության մեքենա

полицейский автомобиль

մրցարշավային մեքենա

гоночный автомобиль

վարձակալվող մեքենա

арендованный автомобиль

մեքենայի վարձակալում

совместное пользование
автомобилями

Էվակուատոր

буксировочный
автомобиль

աղբահանության մեքենա

мусоровоз

շարժիչ

двигатель

վառելիք

топливо

բենզալցակայան

заправка

երթևեկության նշան

дорожный знак

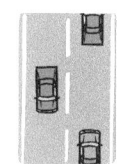

երթևեկություն

движение

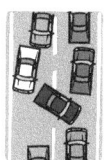

խցանում

пробка

ավտոկանգառ

автостоянка

երկաթուղային կայարան

вокзал

երկաթուղագիծ

рельсы

գնացք

поезд

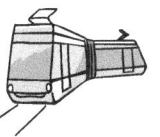

տրամվայ

трамвай

վագոն

вагон

ուղղաթիռ

вертолёт

օդանավակայան

аэропорт

աշտարակ

вышка

ուղևոր

пассажир

աման

контейнер

խավաքարտ

коробка

սայլ

тележка

զամբյուղ

корзина

հանեք / հողատարածք

взлетать / приземляться

քաղաք

город

գյուղ

деревня

քաղաքի կենտրոնում

центр города

տուն

дом

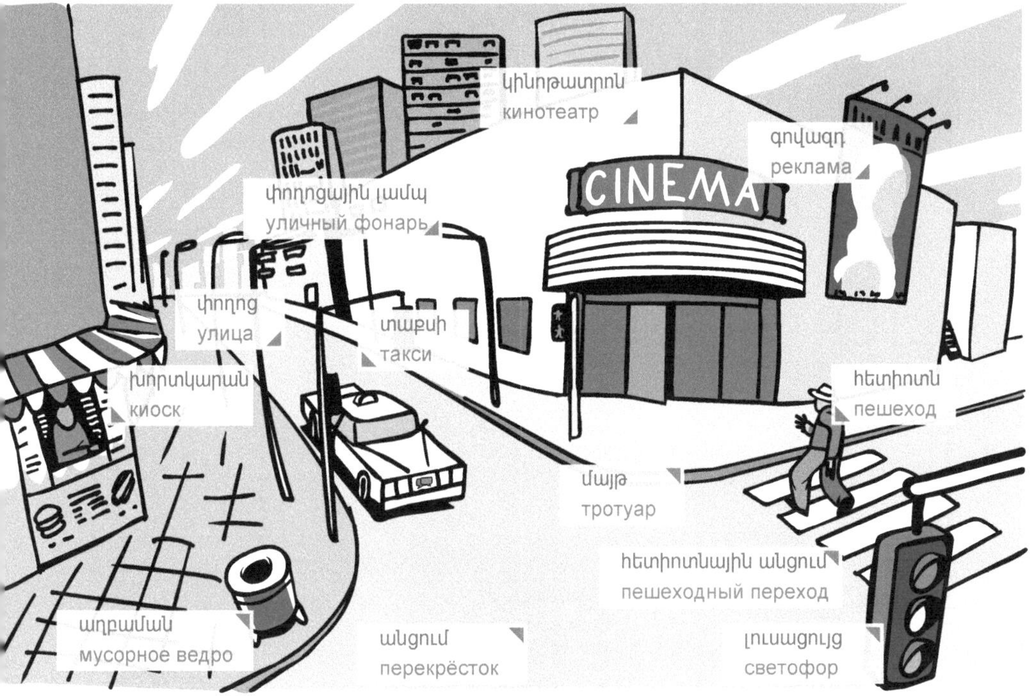

կինոթատրոն
кинотеатр

գովազդ
реклама

փողոցային լամպ
уличный фонарь

CINEMA

փողոց
улица

տաքսի
такси

խորտկարան
киоск

հետիոտն
пешеход

մայթ
тротуар

հետիոտնային անցում
пешеходный переход

աղբաման
мусорное ведро

անցում
перекрёсток

լուսացույց
светофор

խրճիթ

хижина

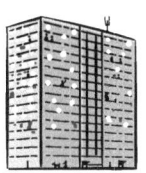

բնակարան

квартира

երկաթուղային կայարան

вокзал

քաղաքապետարան

ратуша

թանգարան

музей

դպրոց

школа

համալսարան

университет

բանկ

банк

հիվանդանոց

больница

հյուրանոց

гостиница

դեղատուն

аптека

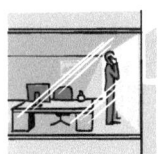

գրասենյակ

офис

գրքույկ խանութ

книжный магазин

խանութ

магазин

ծաղկի խանութ

цветочный магазин

սուպերմարկետ

супермаркет

շուկա

рынок

հանրախանութ

универмаг

ձկան խանութ

торговец рыбой

առեւտրի կենտրոն

торговый центр

նավահանգիստ

порт

զբոսայգի

парк

բանկերը

скамейка

կամուրջ

мост

աստիճաններ

лестница

մետրո

метро

թունել

тоннель

ավտոբուսի կանգառ

автобусная остановка

բար

бар

ռեստորան

ресторан

փոստարկղ

почтовый ящик

փողոցային նշան

табличка с названием улицы

ավտոկայանման հաշվիչ

паркометр

կենդանաբանական այգի

зоопарк

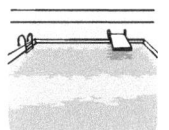

լողավազան

бассейн

մզկիթ

мечеть

ֆերմա

ферма

աղտոտման

загрязнение окружающей среды

գերեզմանոց

кладбище

եկեղեցի

церковь

խաղահրապարակ

детская площадка

տաճար

храм

բնապատկեր
ландшафт

ֆեղկ
лист

ուղղության նշան
дорожный указатель

ճանապարհի
дорога

մարգագետին
луг

քար
камень

ծառ
дерево

աղշավականներ
путешественник

գետ
река

խոտ
трава

ծաղիկ
цветок

հովիտ

долина

բլուր

гора

լիճ

озеро

անտառ

лес

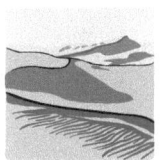

անապատ

пустыня

հրաբուխ

вулкан

ամրոց

замок

ծիածան

радуга

սունկ

гриб

արմավենու ծառ

пальма

մժեղ

комар

թռչել

муха

մրջյուն

муравей

մեղու

пчела

սարդ

паук

բզեզ

жук

գորտ

лягушка

սկյուռ

белка

ոզնի

еж

նապաստակ

заяц

բու

сова

թռչուն

птица

կարապ

лебедь

վարազ

кабан

եղջերու

олень

իշայծյամ

лось

պատնեշ

плотина

քամին տուրբինների

ветряной генератор

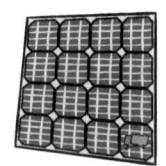

արեւային վահանակ

солнечная батарея

կլիմա

климат

ռեստորան

ресторан

մատուցող
официант
մենյու
меню
աթոռ
стул
ապուր
суп
պիցցա
пицца
սփռոց
скатерть
սպասք
столовые приборы

ստարտեր

закуска

հիմնական կերակուր

главное блюдо

դեսերտ

десерт

օրական

напитки

սնունդ

еда

շիշ

бутылка

արագ սնունդ
....
фастфуд

streetfood

уличная еда

թեյնիկ
....
чайник

շաքարաման
....
сахарница

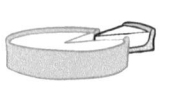

բաժին
....
порция

էսպրեսսո մեքենա
....
кофеварка

մանկական աթոռ
....
детский стульчик

օրինագիծ
....
счет

սկուտեղ
....
поднос

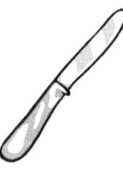

դանակ
....
нож

պատառաքաղ
....
вилка

գդալ
....
ложка

թեյի գդալ
....
чайная ложка

անձեռոցիկ
....
салфетка

ապակի
....
стакан

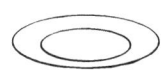

ափսե
тарелка

խոր ափսե
суповая тарелка

պնակ
блюдце

սոուս
соус

աղաման
солонка

պղպեղի աղաց
мельница для перца

քացախ
уксус

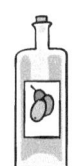

ձեթ
масло

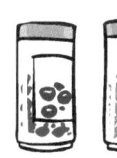

համեմունքներ
специи

կետչուպ
кетчуп

մանանեխ
горчица

մայոնեզ
майонез

սուպերմարկետ

супермаркет

հատուկ առաջարկ
специальное предложение
FOR
հաճախորդ
покупатель
Dairy
молочные продукты
միրգ
фрукты
գնումների սայլակ
тележка для покупок

մսամթերքի խանութ

мясной магазин

հացամթերքի խանութ

пекарня

կշռել

взвешивать

բանջարեղեն

овощи

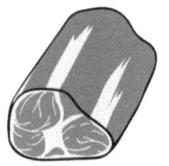

միս

мясо

սառեցված սննդամթերքի

быстрозамороженные продукты

երշիկեղեն

нарезка

պահածոների

консервы

լվացքի փոշի

стиральный порошок

քաղցրավենիք

сладости

տնտեսական ապրանքներ

предмет домашнего
обихода

մաքրող միջոցներ

моющее средство

վաճառող

продавщица

դրամարկղ

касса

գանձապահ

кассир

գնումների ցուցակ

список покупок

ժամերը

время работы

դրամապանակ

бумажник

ԿՐԵԴԻՏ քարտ

кредитная карточка

պայուսակ

сумка

պլաստիկ տոպրակ

полиэтиленовый пакет

օրական

напитки

ջուր

вода

հյութ

сок

կաթ

молоко

կոլա

кока-кола

գինի

вино

գարեջուր

пиво

սպիրտ

алкоголь

կակաո

какао

թեյ

чай

սուրճ

кофе

էսպրեսո

эспрессо

կապուչինո

капучино

բանան

банан

խնձոր

яблоко

նարնջի

апельсин

սեխ

арбуз

կիտրոն

лимон

գազար

морковь

սխտոր

чеснок

բամբուկ

бамбук

սոխ

лук

սունկ

гриб

ընկուզեղեն

орехи

արիշտա

лапша

սպագետտի

спагетти

բրինձ

рис

աղցան

салат

չիպս

картофель фри

տապակած կարտոֆիլ

жареный картофель

պիցցա

пицца

համբուրգեր

гамбургер

սենդվիչ

сэндвич

կոտլետ

шницель

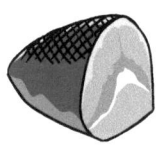

խոզապուխտ

ветчина

սալյամի

салями

երշիկ

колбаса

հավ

курица

խորոված

жаркое

ձուկ

рыба

վարսակի փաթիլներ

овсяные хлопья

մյուսլի

мюсли

եգիպտացորենի փաթիլներ

кукурузные хлопья

ալյուր

мука

կրուասան

круассан

բուլկի

булочка

հաց

хлеб

տոստ

тост

թխվածքաբլիթներ

печенье

կարագ

масло

կաթնաշոռ

творог

տորթ

пирог

ձու

яйцо

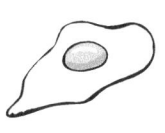

տապակած ձու

яичница

պանիր

сыр

պաղպաղակ

мороженое

շաքար

сахар

մեղր

мёд

ջեմ

мармелад

նուգա սերուցք

крем с нугой

կարրի

карри

ֆերմա

ферма

ֆերմային տնակ
крестьянский дом
գոմ
сарай
ծղոտի դեզ
тюк из соломы
դաշտ
поле
ձի
лошадь
կցասայլ
прицеп
տրակտոր
трактор
քուռակ
жеребёнок
ավանակ
осёл
ոչխար
овца
գառ
ягнёнок

այծ

коза

կով

корова

հորթ

телёнок

խոզ

свинья

խոճկոր

поросёнок

ցուլ

бык

սագ

гусь

բադ

утка

ճուտ

цыплёнок

հավ

курица

աքլոր

петух

առնետ

крыса

կատու

кошка

մուկ

мышь

ցուլ

вол

շուն

собака

շան բուն

конура

այգու փողրակ

садовый шланг

watering կարող է

лейка

գերանդի

коса

գութան

плуг

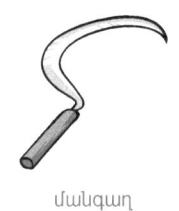

մանգաղ

серп

թոխր

мотыга

եղան

навозные вилы

կացին

топор

միանիվ ձեռնասայլակ

тачка

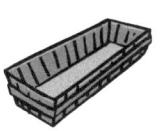

կերակրատաշտ

корыто

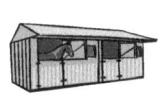

կաթի բիդոն

бидон для молока

պարկ

мешок

ցանկապատ

забор

կայուն

хлев

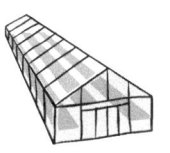

ջերմոց

теплица

հող

почва

սերմ

посев

պարարտանյութ

удобрение

բերքահավաք կոմբայն

комбайн

բերք

собирать урожай

բերք

урожай

յամս

ямс

ցորեն

пшеница

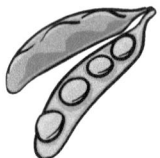

սոյա

соя

կարտոֆիլ

картофель

եգիպտացորեն

кукуруза

rapeseed

рапс

մրգային ծառ

фруктовое дерево

manioc

маниок

շիլաներ

злаки

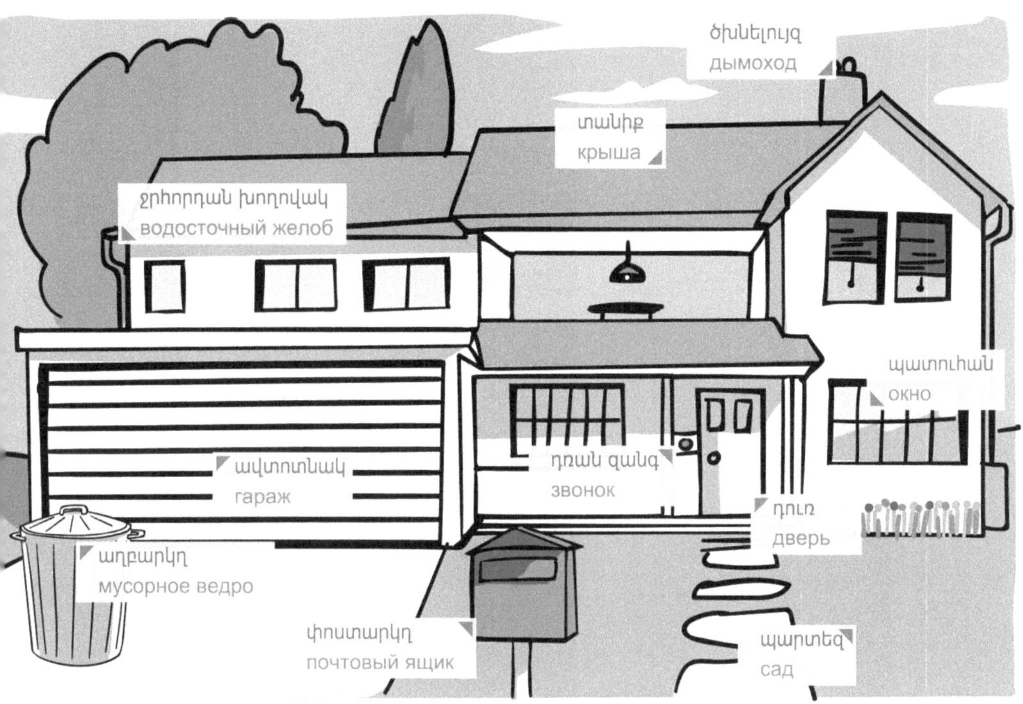

ծխնելույզ
дымоход
տանիք
крыша
ջրհորդան խողովակ
водосточный желоб
պատուհան
окно
ավտոտնակ
гараж
դռան զանգ
звонок
դուռ
дверь
աղբարկղ
мусорное ведро
փոստարկղ
почтовый ящик
պարտեզ
сад

հյուրասենյակ

гостиная

լողասենյակ

ванная комната

խոհանոց

кухня

ննջարան

спальня

մանկական սենյակ

детская комната

ճաշասենյակ

столовая

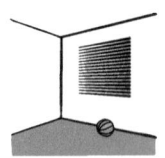

հարկ

пол

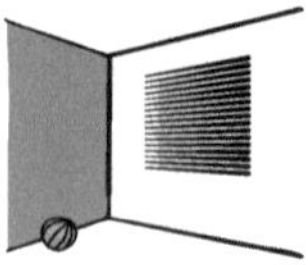

պատ

стена

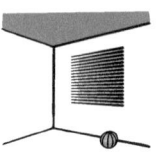

առաստաղ

потолок

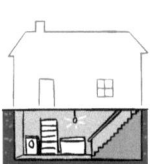

նկուղ

подвал

շոգեբաղնիք

сауна

պատշգամբ

балкон

պատշգամբ

терраса

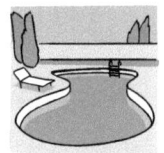

ավազան

бассейн

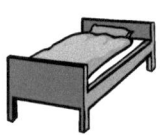

խոտհնձիչ

газонокосилка

թերթ

пододеяльник

անկողնու ծածկոց

покрывало

մահճակալ

кровать

ավել

метла

դույլ

ведро

անջատիչ

выключатель

հյուրասենյակ

гостиная

պաստառ
обои
նկար
рисунок
լամպ
лампа
դարակ
полка
բուֆետ
шкаф
հեռուստացույց
телевизор
բուխարի
камин
ծաղիկ
цветок
բարձ
подушка
բազմոց
диван
սկահակ
ваза
հեռակառավարման վահանակ
пульт дистанционного управления

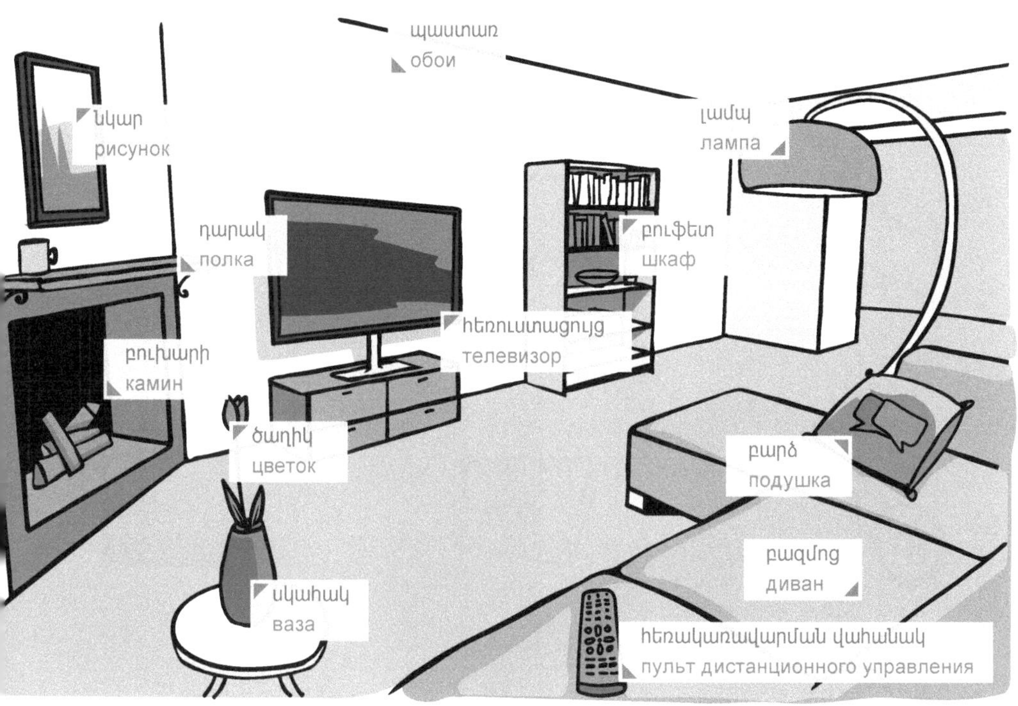

գորգ

ковёр

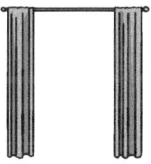

վարագույր

штора

սեղան

стол

աթոռ

стул

ճոճվող բազկաթոռ

кресло-качалка

բազկաթոռ

кресло

գիրք

книга

վերմակ

покрывало

զարդարանք

украшение

վառելափայտ

дрова

ֆիլմ

фильм

hi-fi

стереосистема

բանալի

ключ

թերթ

газета

նկար

картина

պլակատ

плакат

ռադիո

радио

տետր

блокнот

փոշեկուլ

пылесос

կակտուս

кактус

մոմ

свеча

խոհանոց

кухня

սառնարանի
холодильник
միկրոալիքային վառարան
микроволновая печь
խոհանոցի կշեռք
кухонные весы
տոստեր
тостер
լվացող հեղուկ
моющее средство
վառարան
духовка
սառնարան
морозилка
աղբարկղ
мусорное ведро
աման լվացող սարք
посудомоечная машина

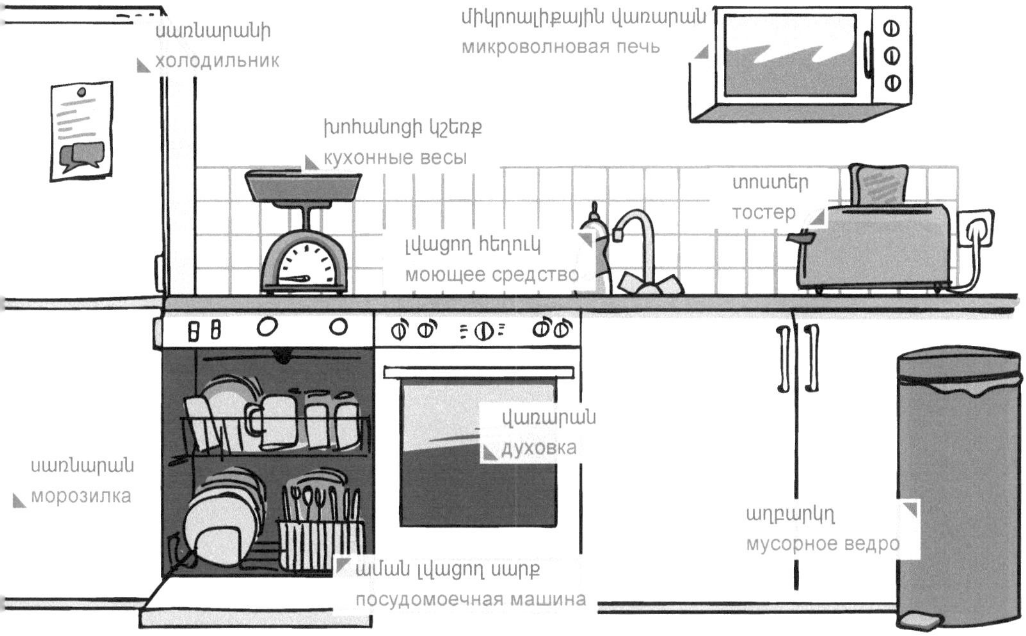

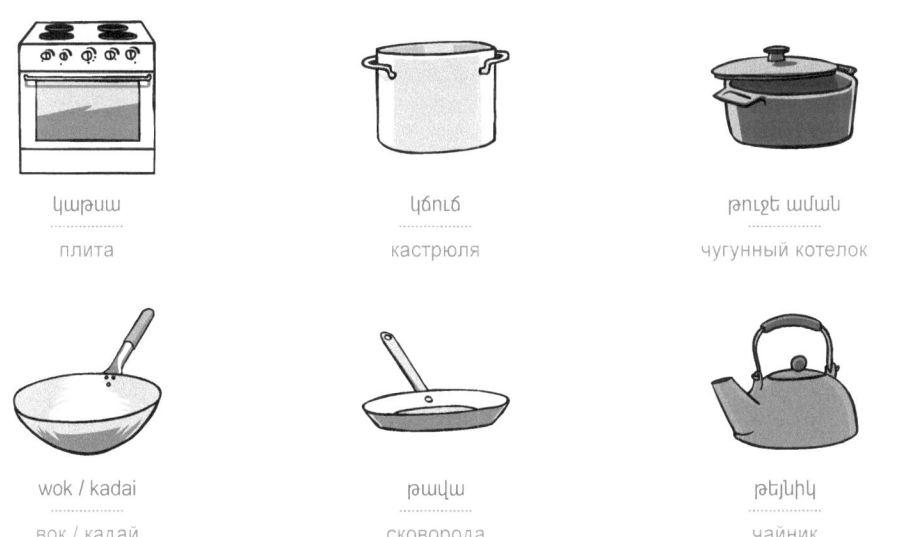

կաթսա

плита

կճուճ

кастрюля

թուջե աման

чугунный котелок

wok / kadai

вок / кадай

թավա

сковорода

թեյնիկ

чайник

խոհանոց - кухня 35

շոգենավ

պароварка

ջեռոցի սկուտեղ

противень

ամանեղեն

посуда

բաժակ

кружка

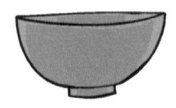

խորը աման

миска

փայտիկներ

палочки для еды

շերեփ

половник

խոհանոցային բահիկ

лопатка

հարել

сбивалка

քամիչ

сито

մաղ

сито

քերիչ

тёрка

հավանգ

ступка

խորոված

гриль

բաց կրակի

костёр

տախտակ

доска

գրտնակ

скалка

խցանահան

штопор

բանկա

жестяная банка

բացիչ

консервный нож

խոհանոցային բռնիչ

прихватка

լվացարան

раковина

խոզանակ

щетка

սպունգ

губка

բլենդեր

миксер

սառնարան

морозильная камера

մանկական շիշ

бутылочка для кормления

թակել

кран

ванная комната

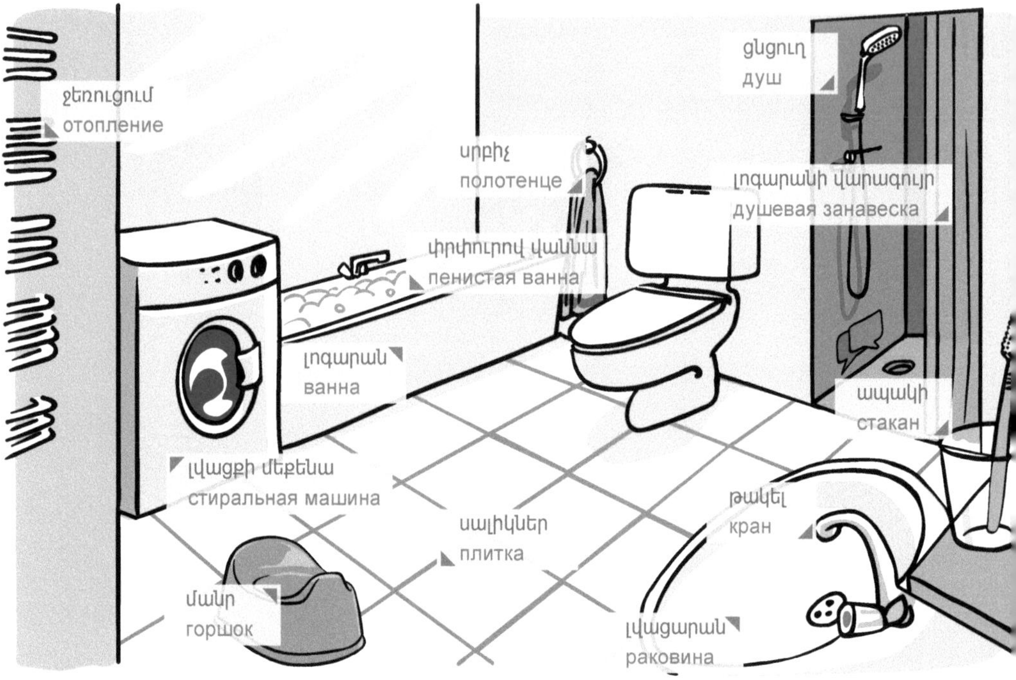

ջեռուցում
отопление
ցնցուղ
душ
սրբիչ
полотенце
լոգարանի վարագույր
душевая занавеска
փրփուրով վաննա
пенистая ванна
լոգարան
ванна
ապակի
стакан
լվացքի մեքենա
стиральная машина
թակել
кран
սալիկներ
плитка
մանր
горшок
լվացարան
раковина

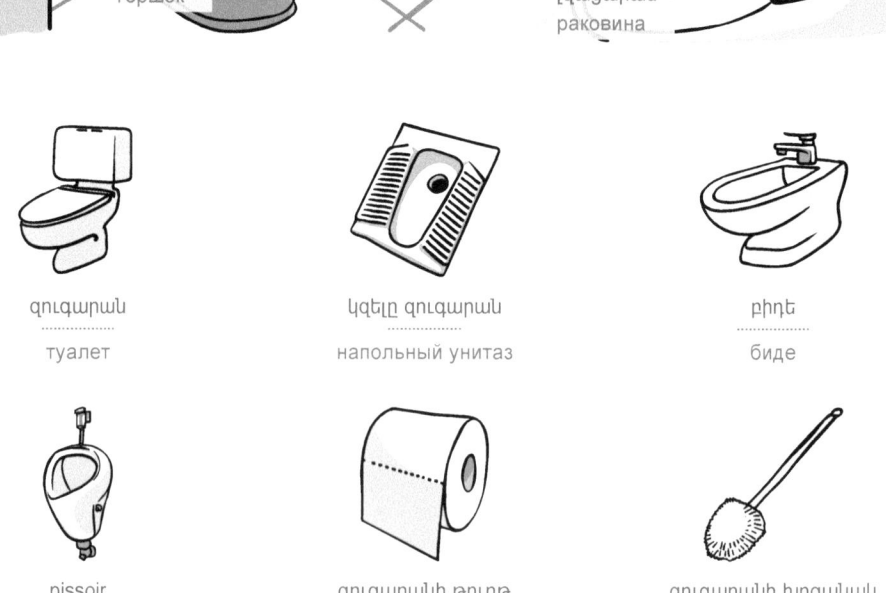

զուգարան

туалет

կզելը զուգարան

напольный унитаз

բիդե

биде

pissoir

писсуар

զուգարանի թուղթ

туалетная бумага

զուգարանի խոզանակ

ершик

ատամի խոզանակ

зубная щетка

ատամի քսուք

зубная паста

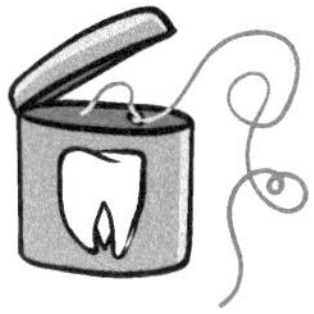

ատամի թել

зубная нить

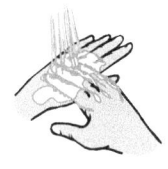

լվանալ

мыть

ձեռքի ցնցուղ

ручной душ

ցնցուղ

интимный душ

ավազան

таз

մեջքի խոզանակ

щетка для спины

օճառ

мыло

լոգանքի գել

гель для душа

շամպուն

шампунь

ճիլոպ

мочалка

հատականցք

сток

կրեմ

крем

դեզոդորանտ

дезодорант

հայելի

зеркало

ձեռքի հայելի

ручное зеркало

սափրիչ

бритва

Սափրվելու փրփուր

пена для бритья

սափրվելուց հետո քսվող լոսյոն

лосьон после бритья

սանր

расческа

խոզանակ

щетка

մազերի չորացուցիչ

фен

մազի լաք

лак для волос

դիմահարդարում

косметика

շրթնաներկ

губная помада

եղունգների լաք

лак для ногтей

բամբակ

вата

եղունգների մկրատ

маникюрные ножницы

օծանելիք

духи

դիմահարդարման
պայուսակ
косметичка

աթոռակ

табуретка

կշեռք

весы

լողանալու խալաթ

халат

ռետինե ձեռնոցներ

резиновые перчатки

տամպոն

тампон

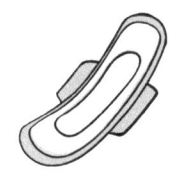

սանիտարական սրբիչ

гигиеническая прокладка

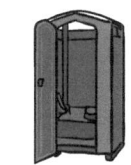

քիմիական զուգարան

биотуалет

մանկական սենյակ

детская комната

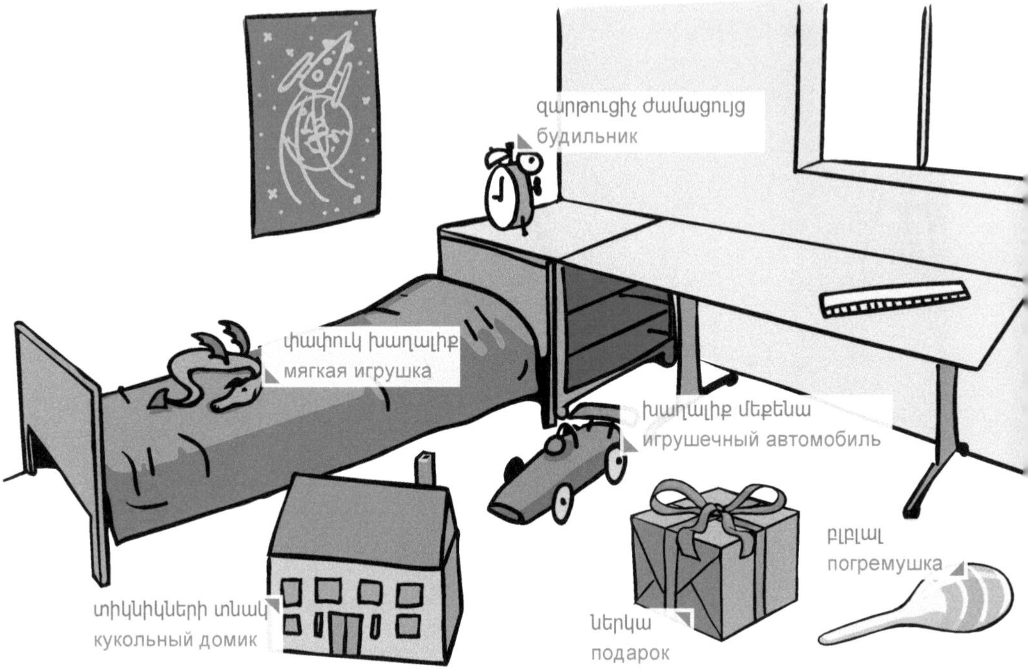
զարթուցիչ ժամացույց
будильник
փափուկ խաղալիք
мягкая игрушка
խաղալիք մեքենա
игрушечный автомобиль
տիկնիկների տնակ
кукольный домик
նվեր
подарок
ծնծղա
погремушка

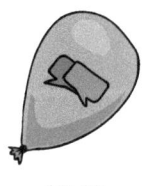

փուչիկ

воздушный шар

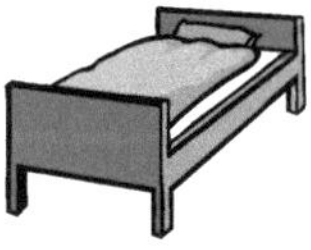

մահճակալ

кровать

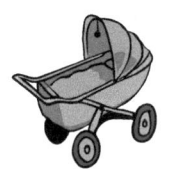

մանկական սայլակ

детская коляска

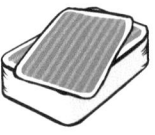

խաղաթղթեր

карточная игра

խճապատկեր

пазл

SUPER
MEGA

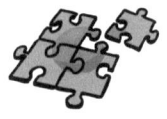

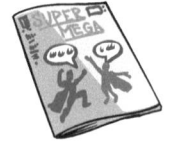

կոմիքս

комикс

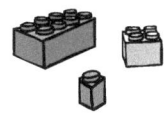

Լեգո կուբիկներ

кирпичики Лего

կառուցողական խաղալիքներ

кубики

ակցիան գործիչ

игрушечная фигурка

մանկական բոդի

ползунки

Frisbee

фрисби

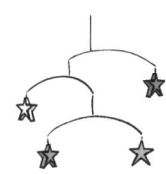

շարժական

мобиле

խաղատախտակ

настольная игра

զառախաղ

кубик

գնացքների կազմ

модель железной дороги

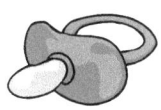

ծծակ

соска

կուսակցություն

вечеринка

մանկական պատկերազարդ գիրք

книга с картинками

գնդակ

мяч

տիկնիկ

кукла

խաղալ

играть

ավազե խաղահրապարակի

песочница

ռիթմ

качели

Խաղալիքներ

игрушка

վիդեո խաղ մխիթարել

игровая приставка

եռանիվ հեծանիվ

трёхколесный велосипед

խաղալիք արջուկ

плюшевый медвежонок

պահարան

шкаф для одежды

հագուստ

одежда

կիսագուլպա

носки

գուլպա

чулки

զուգագուլպա

колготки

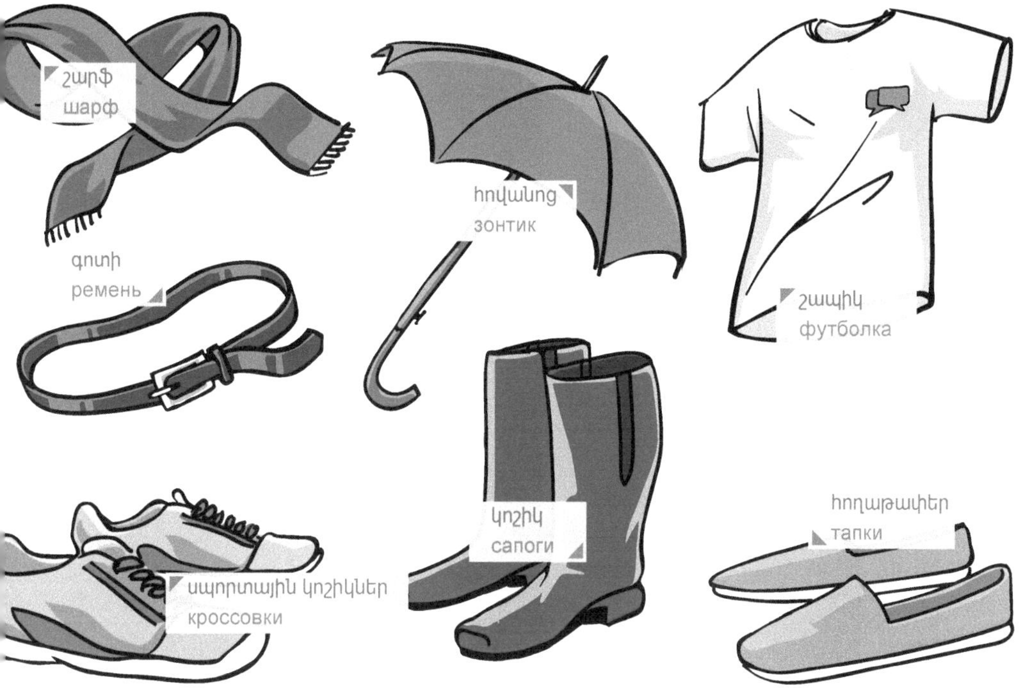

շարֆ
шарф

հովանոց
зонтик

շապիկ
футболка

գոտի
ремень

կոշիկ
сапоги

հողաթափեր
тапки

սպորտային կոշիկներ
кроссовки

սանդալներ

сандалии

կոշիկ

ботинки

ռետինե կոշիկներ

резиновые сапоги

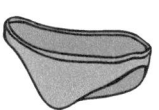

վարտիք

трусы

կրծկալ

бюстгальтер

մայկա

майка

մարմին

боди

անդրավարտիք

брюки

ջինս

джинсы

կիսաշրջազգեստ

юбка

բլուզ

блузка

վերնաշապիկ

рубашка

պուլովեր

свитер

սպորտային կուրտկա

свитер

պիջակ

спортивная куртка

կուրտկա

жакет

վերարկու

пальто

անձրևանոց

плащ

կանացի կոստյում

костюм

զգեստ

платье

հարսանյաց զգեստ

свадебное платье

տղամարդու կոստյում

мужской костюм

գիշերանոց

ночная сорочка

պիժամա

пижама

Սարի

сари

գլխաշորն

платок

չալմա

тюрбан

չադրա

паранджа

արևելյան խալաթ

кафтан

հաստ վերարկու

абайя

կանացի լողազգեստ

купальник

տղամարդու լողազգեստ

плавки

շորտ

шорты

սպորտային համազգեստ

спортивный костюм

գոգնոց

фартук

ձեռնոցներ

перчатки

կոճակ

пуговица

ակնոց

очки

ապարանջան

браслет

վզնոց

цепочка

մատանի

кольцо

ականջօղ

серьга

գլխարկ

шапка

կախիչ

вешалка

գլխարկ

шляпа

փողկապ

галстук

շղթա

застежка молния

սաղավարտ

шлем

տաբատակալ

подтяжки

դպրոցական համազգեստ

школьная форма

համազգեստ

форма

մանկական գոգնոց

детский нагрудник

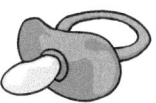

ծծակ

соска

մանկական տակդիր

подгузник

գրասենյակ
офис

սերվեր
сервер
գրասենյակային պահարան
канцелярский шкаф
տպիչ
принтер
թուղթ
бумага
մոնիտոր
монитор
գրասեղան
письменный стол
մկնիկ
мышь
թղթապանակ
папка
ստեղնաշար
клавиатура
աղբարկղ
корзина для бумаг
համակարգիչ
компьютер
աթոռ
стул

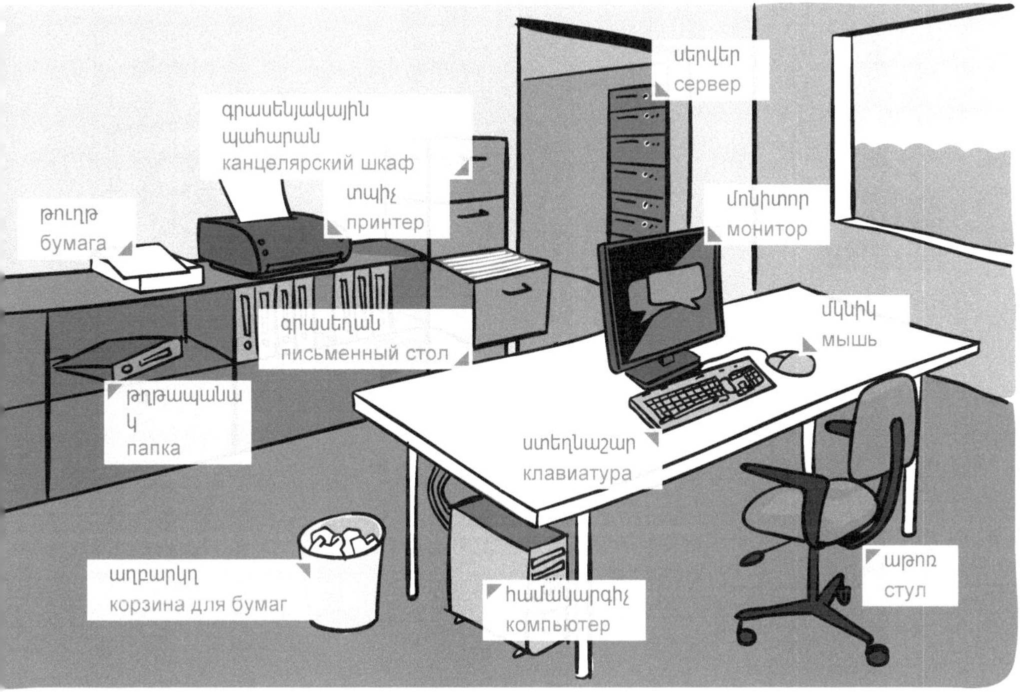

սուրճի գավաթ

кофейная кружка

հաշվիչ

калькулятор

ինտերնետ

интернет

գրասենյակ - офис

laptop

ноутбук

նամակ

письмо

հաղորդագրություն

сообщение

բջջային հեռախոս

мобильный телефон

ցանց

сеть

պատճենահանման սարք

ксерокс

ծրագրային ապահովում

программа

հեռախոս

телефон

վարդակ

розетка

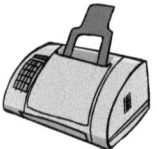

ֆաքսի մեքենա

факс

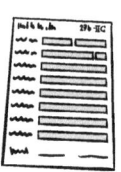

տեսակ

формуляр

փաստաթուղթ

документ

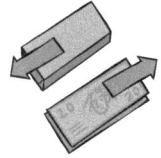

գնել

покупать

վճարել

платить

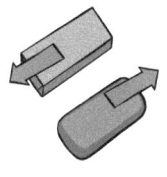

առևտրի

торговать

փող

деньги

դոլար

доллар

եվրո

евро

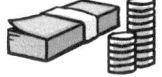

իեն

иена

ռուբլի

рубль

շվեյցարական ֆրանկ

франк

յուան

жэньминьби юань

ռուպի

рупия

բանկոմատ

банкомат

փոխանակման կետ

пункт обмена валюты

ոսկի

золото

արծաթ

серебро

նավթ

нефть

էներգիա

энергия

գին

цена

պայմանագիր

договор

հարկ

налог

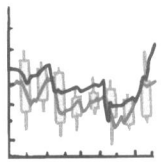

ակցիաներ

акция

աշխատանք

работать

ծառայող

служащий

գործատուն

работодатель

գործարան

фабрика

խանութ

магазин

մասնագիտություն
профессии

ոստիկան
милиционер
հրշեջ
пожарный
խոհարար
повар
բժիշկ
врач
օդաչու
пилот

այգեպան

садовник

ատաղձագործ

столяр

դերձակուհի

швея

դատավոր

судья

քիմիկոս

химик

դերասան

актёр

ավտոբուսի վարորդ

водитель автобуса

տաքսու վարորդ

таксист

ձկնորս

рыбак

հավաքարար

уборщица

տանիքագործ

кровельщик

մատուցող

официант

որսորդ

охотник

նկարիչ

художник

հացթուխ

пекарь

էլեկտրատեխնիկ

электрик

շինարար

строитель

ինժեներ

инженер

Մսագործ

мясник

ջրմուղագործ

сантехник

փոստատար

почтальон

զինվոր

солдат

ճարտարապետ

архитектор

գանձապահ

кассир

ծաղկավաճառ

флорист

վարսավիր

парикмахер

տոմսավաճառ

кондуктор

մեխանիկ

механик

կապիտան

капитан

ատամնաբույժ

зубной врач

գիտնական

ученый

ռաբբի

раввин

Իմամ

имам

կուսակրոն

монах

հոգևորական

священник

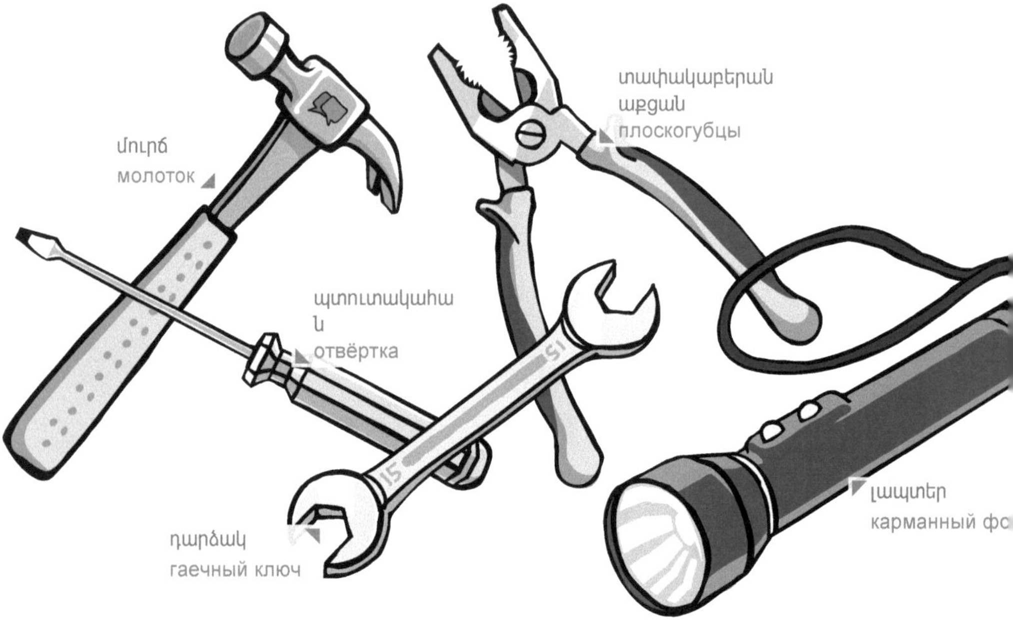

Մուրճ
молоток

պտուտակահան
отвёртка

դարձակ
гаечный ключ

տափակաբերան աքցան
плоскогубцы

լապտեր
карманный фо

Էքսկավատոր

экскаватор

գործիքների տուփ

ящик для инструментов

սանդուղք

стремянка

սղոց

пила

մեխեր

гвозди

գայլիկոն

дрель

նորոգում

ремонтировать

բահ

лопата

գրողը տանի

Блин!

գոգաթիակ

совок

ներկաման

ведро с краской

պտուտակներ

винты

Երաժշտական գործիքներ
музыкальные инструменты

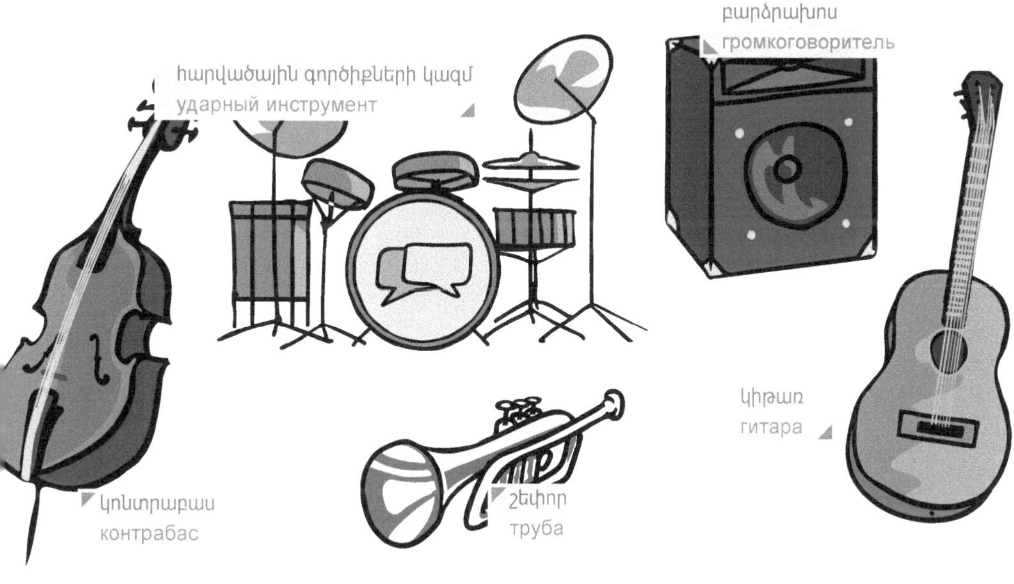

բարձրախոս
громкоговоритель

հարվածային գործիքների կազմ
ударный инструмент

կիթառ
гитара

կոնտրաբաս
контрабас

շեփոր
труба

դաշնամուր

пианино

ջութակ

скрипка

բաս

бас-гитара

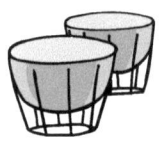

թմբուկներ

литавры

հարվածային գործիքներ

барабан

ստեղնաշար

синтезатор

սաքսոֆոն

саксофон

ֆլեյտա

флейта

միկրոֆոն

микрофон

կենդանաբանական այգի

зоопарк

մուտք
вход
վագր
тигр
վանդակ
клетка
զեբր
зебра
կենդանիների կերակուր
корм
պանդա
панда

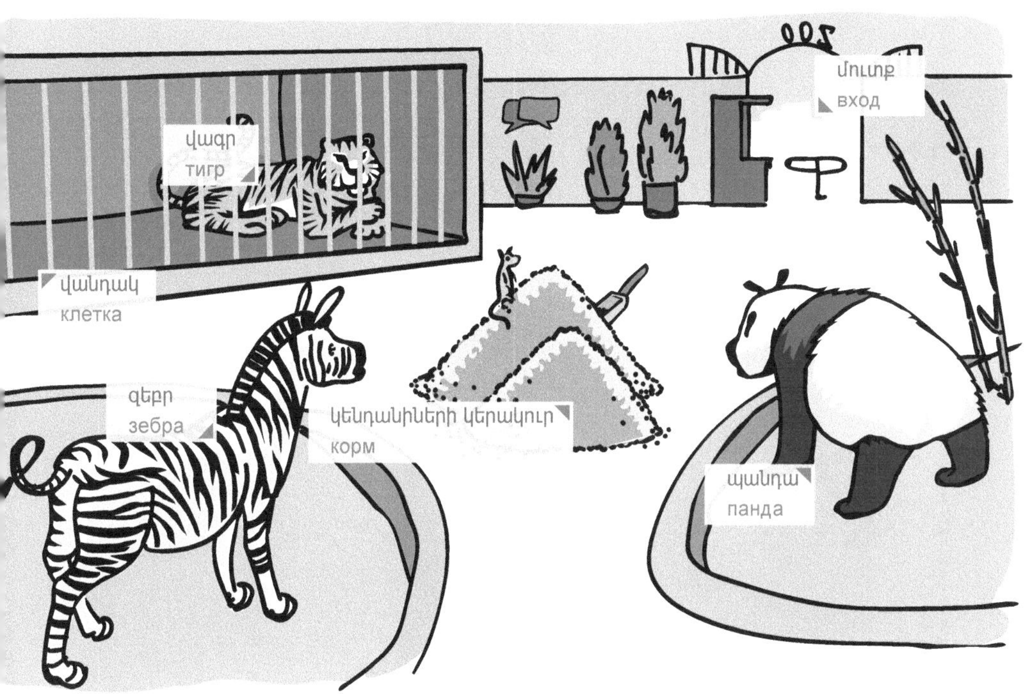

կենդանիներ

животные

փիղ

слон

կենգուրու

кенгуру

ռնգեղջյուր

носорог

գորիլա

горилла

գորշ արջ

медведь

ուղտ

верблюд

ջայլամ

страус

առյուծ

лев

կապիկ

обезьяна

ֆլամինգո

фламинго

թութակ

попугай

բևեռային արջ

белый медведь

պինգվին

пингвин

շնաձուկ

акула

սիրամարգ

павлин

օձ

змея

կոկորդիլոս

крокодил

կենդանաբանական այգու
աշխատող

служитель зоопарка

փոկ

тюлень

յագուար

ягуар

պոնի

пони

ընձառյուծ

леопард

գետաձի

бегемот

ընձուղտ

жираф

արծիվ

орёл

վարազ

кабан

ձուկ

рыба

կրիա

черепаха

ծովացուլ

морж

աղվես

лиса

վիթ

газель

սպորտներ

спорт

ամերիկյան ֆուտբոլ
американский футбол
հեծանվավազք
езда на велосипеде
թենիս
теннис
բասկետբոլ
баскетбол
լող
плавание
բռնցքամարտ
бокс
հոկեյ
хоккей

ֆուտբոլ

футбол

բադմինտոն

бадминтон

աթլետիկա

лёгкая атлетика

ձեռքի գնդակ

гандбол

դահուկային սպորտ

лыжный спорт

պոլո

поло

ցատկել
прыгать

գրկել
обнимать

ծիծաղել
смеяться

քայլել
идти

երգել
петь

երազել
мечтать

աղոթել
молиться

համբուրել
целовать

գրել
писать

նկարել
рисовать

ցույց տալ
показывать

հրել
нажимать

տալ
давать

վերցնել
брать

ունենալ

иметь

դեպի

делать

լինել

быть

կանգնել

стоять

վազել

бежать

քաշել

тянуть

նետել

бросать

ընկնել

падать

ստել

лежать

սպասել

ждать

կրել

носить

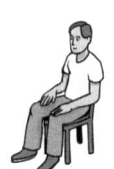

նստել

сидеть

հագնվել

надевать

քնել

спать

արթնանալ

просыпаться

նայել

рассматривать

լացել

плакать

շոյել

гладить

սանրվել

причесывать

խոսել

говорить

հասկանալ

понимать

հարցնել

спрашивать

լսել

слушать

խմել

пить

ուտել

кушать

հարդարվել

наводить порядок

սիրել

любить

խոհարար

готовить

քշել

ехать

թռչել

летать

լողալ

ходить под парусом

հաշվել

считать

կարդալ

читать

սովորել

учиться

աշխատանք

работать

ամուսնանալ

вступать в брак

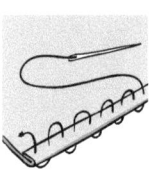

կարել

шить

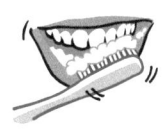

ատամները լվանալ

чистить зубы

սպանել

убивать

ծուխ

курить

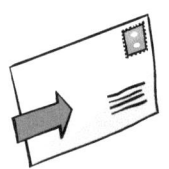

ուղարկել

отправлять

տատիկ
бабушка

պապիկ
дедушка

հայր
папа

մայր
мама

երեխա
младенец

դուստր
дочь

որդի
сын

հյուր

гость

հորաքույր

тетя

հորեղբայր

дядя

եղբայր

брат

քույր

сестра

մարմին

тело

ճակատ
лоб
աչք
глаз
ուս
плечо
մատ
палец
դեմք
лицо
կզակ
подбородок
ձեռք
кисть
կուրծք
грудь
ոտք
нога
թև
рука

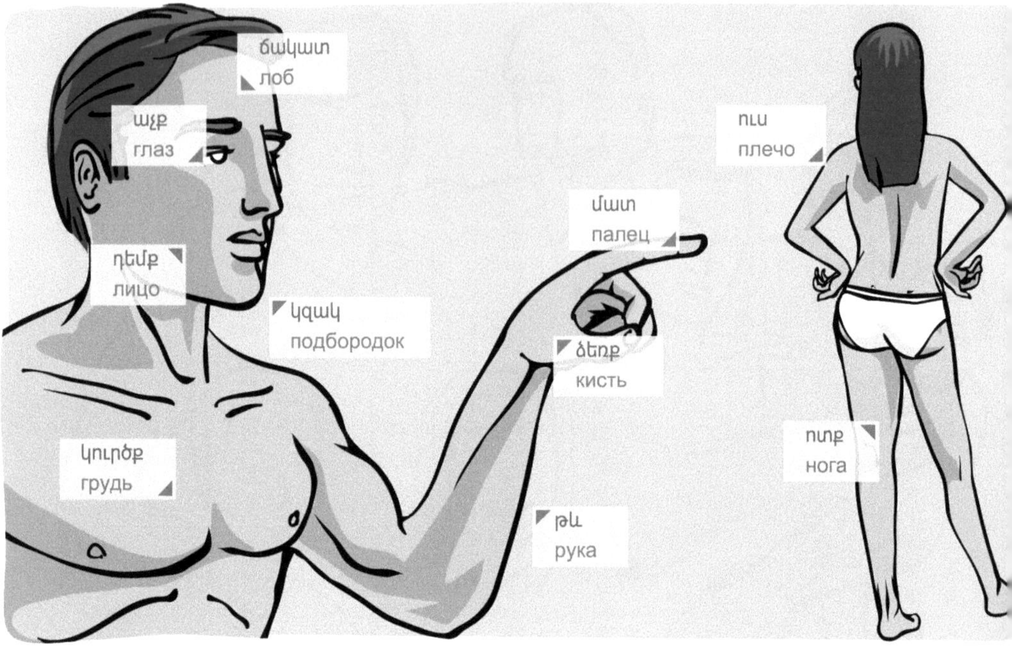

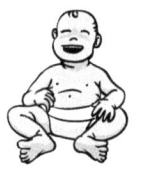

երեխա

младенец

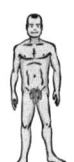

մարդ

мужчина

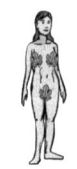

կին

женщина

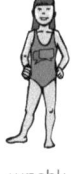

աղջիկ

девочка

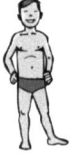

տղա

мальчик

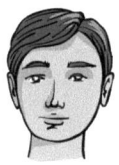

գլուխ

голова

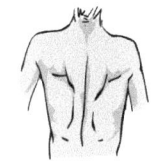

մեջք

спина

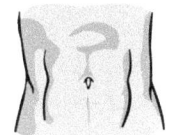

փոր

живот

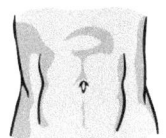

պորտ

пупок

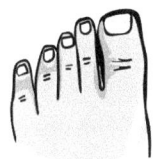

ոտնամատ

палец ноги

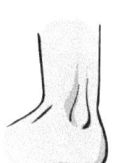

կրունկ

пятка

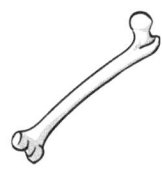

ոսկոր

кость

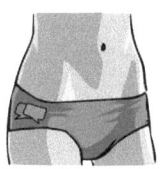

ազդր

бедро

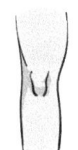

ծունկ

колено

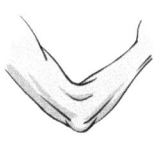

արմունկ

локоть

քիթ

нос

հետույք

ягодицы

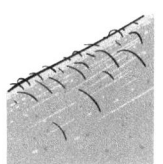

մաշկ

кожа

այտ

щека

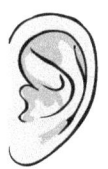

ականջ

ухо

շրթունք

губа

մարմին - тело

բերան

рот

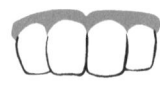

ատամ

зуб

լեզու

язык

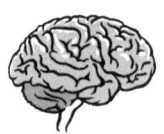

ուղեղ

мозг

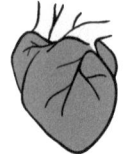

սիրտ

сердце

մկան

мышца

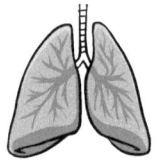

թոք

лёгкое

լյարդ

печень

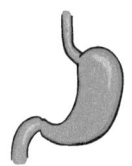

ստամոքս

желудок

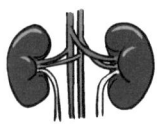

երիկամներ

почки

սեքս

половой акт

պահպանակներ

презерватив

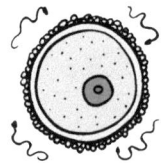

ձվաբջիջը

яйцеклетка

Սեմյոն

сперма

հղիություն

беременность

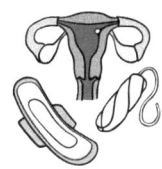

դաշտան

менструация

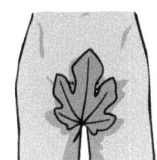

հեշտոց

вагина

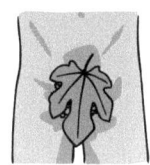

առնանդամ

пенис

հոնք

бровь

մազ

волосы

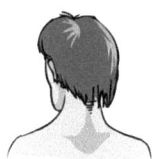

պարանոց

шея

հիվանդանոց

больница

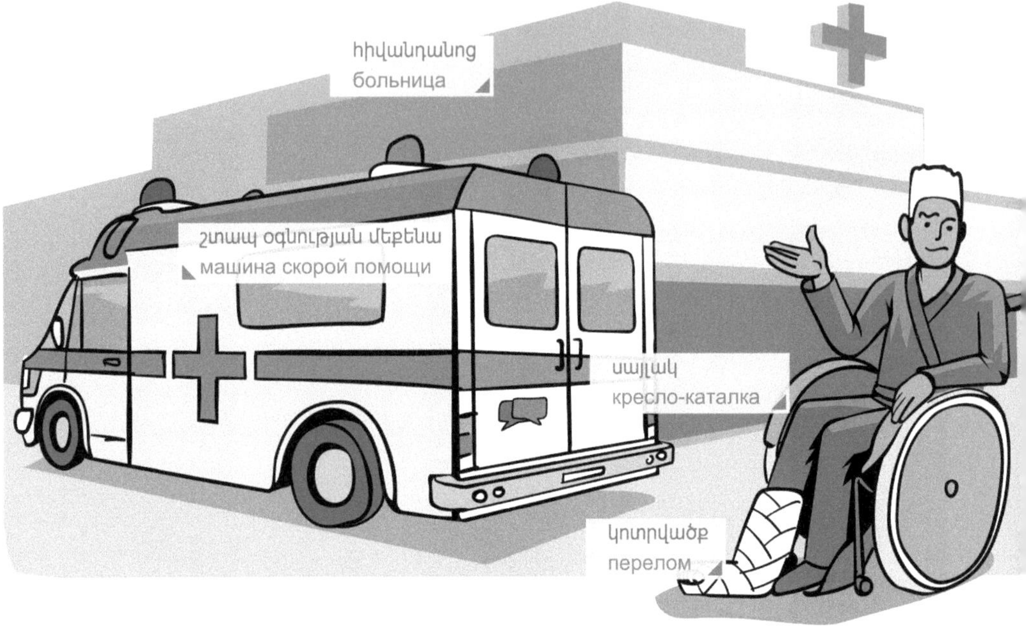

հիվանդանոց
больница
շտապ օգնության մեքենա
машина скорой помощи
սայլակ
кресло-каталка
կոտրվածք
перелом

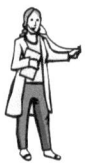

բժիշկ

врач

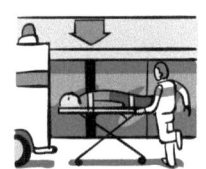

շտապ օգնության սենյակ

пункт первой помощи

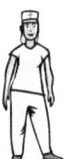

բուժքույր

медсестра

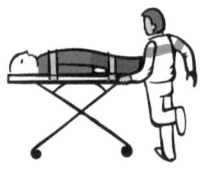

շտապ օգնություն

неотложный случай

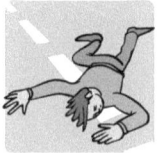

անգիտակից

без сознания

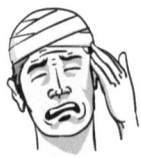

ցավ

боль

վնասվածք

повреждение

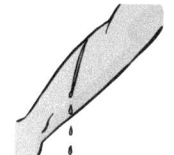

արյունահոսություն

кровотечение

սրտի կաթված

инфаркт

կաթված

инсульт

ալերգիա

аллергия

հազ

кашель

տենդ

овышенная температура

գրիպ

грипп

փորլուծություն

понос

գլխացավ

головная боль

քաղցկեղ

рак

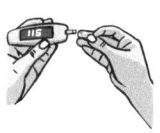

դիաբետ

диабет

վիրաբույժ

хирург

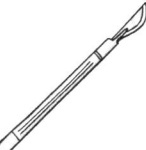

վիրադանակ

скальпель

վիրահատություն

операция

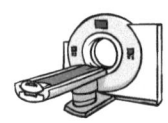

CT

КТ

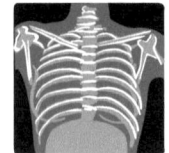

ռենտգեն

рентген

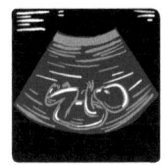

ուլտրաձայնային

ультразвук

դեմքի դիմակ

маска

հիվանդություն

болезнь

սպասասրահ

приёмная

հենակ

костыль

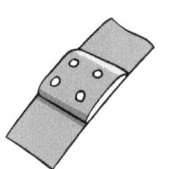

սպեղանի

пластырь

վիրակապ

бинт

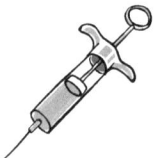

ներարկում

укол

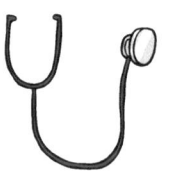

լսափողակ

стетоскоп

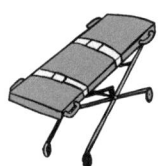

պատգարակ

носилки

ջերմաչափ

термометр

ծնունդ

рождение

ավելաքաշ

избыточный вес

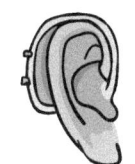

լսելով օգնության

слуховой аппарат

ախտահանիչ

дезинфекционное
средство

վարակ

инфекция

վիրուս

вирус

ՄԻԱՎ / ՁԻԱՀ

ВИЧ / СПИД

դեղորայք

лекарство

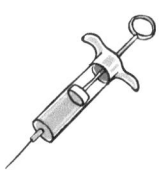

պատվաստում

прививка

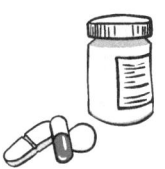

հաբեր

таблетки

հաբ

противозачаточная
таблетка

ահազանգ

экстренный вызов

արյան ճնշման չափիչ սարք

прибор для измерения
кровяного давления

հիվանդ / առողջ

больной / здоровый

Շտապ օգնություն

неотложный случай

Օգնություն!

Помогите!

տագնապի ազդանշան

сигнал тревоги

հարձակում

нападение

հարձակում

атака

վտանգ

опасность

վթարային ելք

запасной выход

Հրդեհ

Пожар!

կրակմարիչ

огнетушитель

վթար

несчастный случай

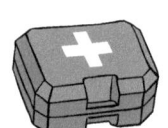

առաջին օգնության դեղարկղ

аптечка

SOS

SOS

ոստիկանություն

милиция

երկիր
земля

Եվրոպա

Европа

Հյուսիսային Ամերիկա

Северная Америка

Հարավային Ամերիկա

Южная Америка

Աֆրիկա

Африка

Ասիա

Азия

Ավստրալիա

Австралия

Ատլանտյան օվկիանոս

Атлантический океан

Խաղաղ օվկիանոս

Тихий океан

Հնդկական օվկիանոս

Индийский океан

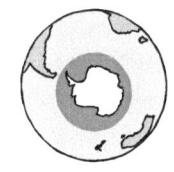

Հարավային Սառուցյալ օվկիանոս

Антарктический океан

Հյուսիսային Սառուցյալ օվկիանոս

Северный Ледовитый океан

հյուսիսային բևեռ

Северный полюс

հարավային բևեռ

Южный полюс

Անտարկտիդա

Антарктика

Երկիր

земля

ցամաք

суша

ծով

море

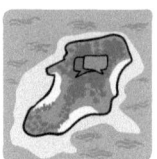

կղզի

остров

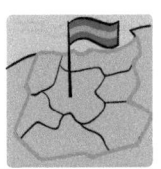

ազգ

нация

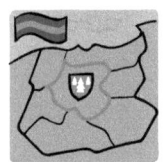

պետական

государство

թվատախտակ

циферблат

ժամի սլաք

часовая стрелка

րոպեի սլաք

минутная стрелка

վայրկյանի սլաք

секундная стрелка

Ժամը քանիսն է?

Который час?

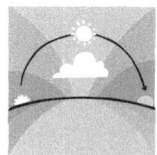

օր

день

այսպիսով

время

այժմ

сейчас

թվային ժամացույց

электронные часы

րոպե

минута

ժամ

час

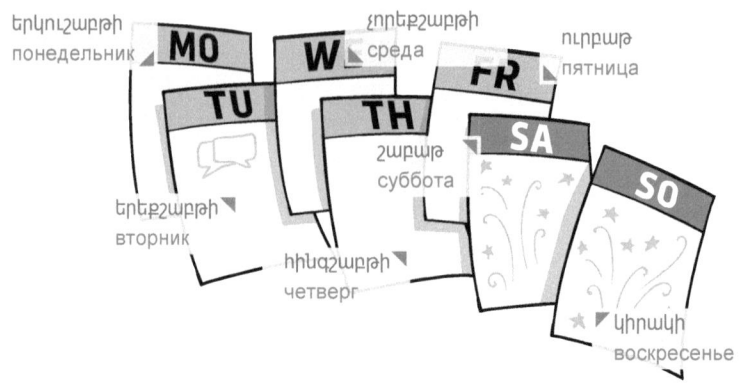

երկուշաբթի
понедельник

չորեքշաբթի
среда

ուրբաթ
пятница

երեքշաբթի
вторник

հինգշաբթի
четверг

շաբաթ
суббота

կիրակի
воскресенье

այսօր

вчера

այսօր

сегодня

վաղը

завтра

առավոտ

утро

կեսօր

полдень

երեկո

вечер

աշխատանքային օրեր

рабочие дни

շաբաթվա վերջ

выходные

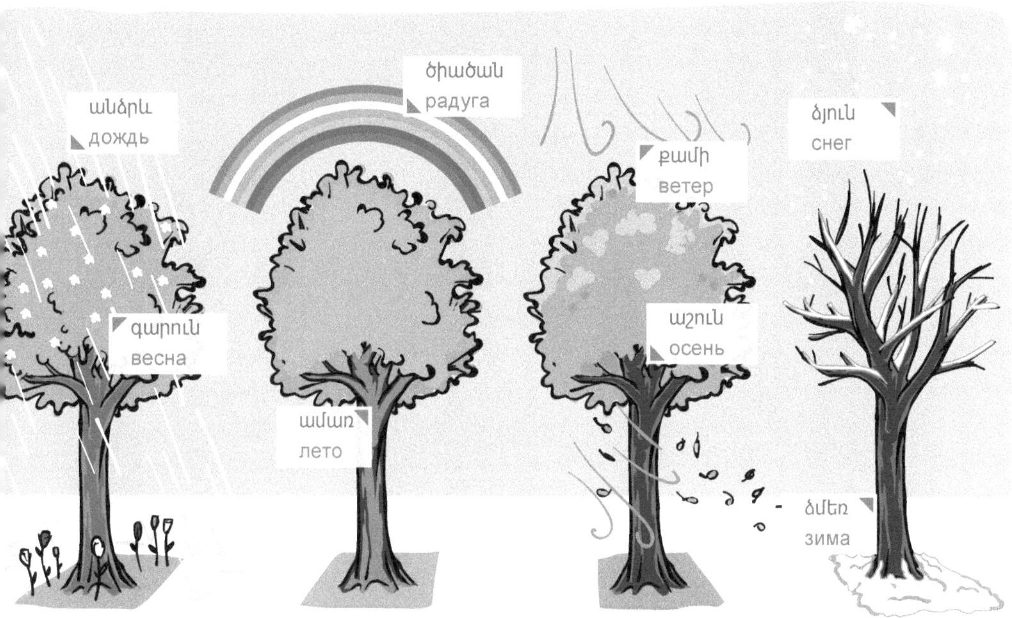

անձրև
дождь

ծիածան
радуга

ձյուն
снег

քամի
ветер

գարուն
весна

աշուն
осень

ամառ
лето

ձմեռ
зима

4.APRIL	11°	☀
5.APRIL	4°	☁
6.APRIL	13°	☁
7.APRIL	8°	❄
8.APRIL	10°	☀

եղանակի տեսություն

прогноз погоды

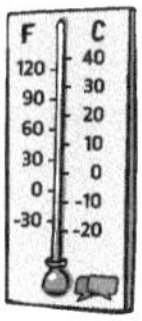

ջերմաչափ

термометр

արևի լույս

солнечный свет

ամպ

туча

մառախուղ

туман

խոնավություն

влажность воздуха

կայծակ

молния

որոտ

гром

փոթորիկ

буря

կարկուտ

град

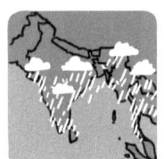

մուսոն

муссон

ջրհեղեղ

наводнение

սառույց

лёд

հունվար

январь

փետրվար

февраль

մարտ

март

ապրիլ

апрель

մայիս

май

հունիս

июнь

հուլիս

июль

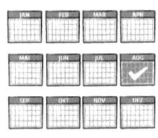

օգոստոս

август

տարի - год

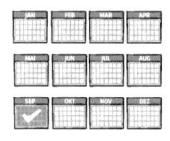

սեպտեմբեր
....
сентябрь

հոկտեմբեր
....
октябрь

նոյեմբեր
....
ноябрь

դեկտեմբեր
....
декабрь

ձևավորում
формы

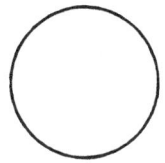

շրջան
....
круг

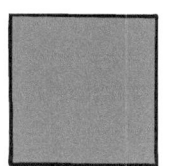

քառակուսի
....
квадрат

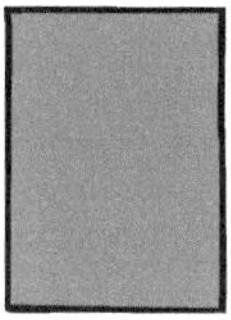

ուղղանկյունի
....
прямоугольник

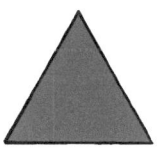

եռանկյունի
....
треугольник

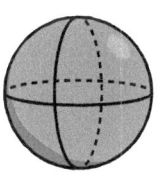

ասպարեզ
....
шар

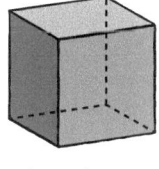

խորանարդ
....
куб

գույներ

цвета

վարդագույն

белый

մոխրագույն

желтый

դեղին

оранжевый

մանուշակագույն

розовый

կարմիր

красный

շագանակագույն

лиловый

կապույտ

синий

սև

зелёный

նարնջագույն

коричневый

սպիտակ

серый

կանաչ

черный

հակադիրներ

противоположности

շատ / քիչ

много / мало

բարկացած / հանգիստ

яростный / мирный

գեղեցիկ / տգեղ

красивый / уродливый

սկսած / վերջը

начало / конец

մեծ / փոքր

большой / маленький

պայծառ / մութ

светлый / темный

եղբայրը / քույրը

брат / сестра

մաքուր / կեղտոտ

чистый / грязный

ամբողջական / թերի

полный / неполный

օր / գիշեր

день / ночь

մեռած / կենդանի

мёртвый / живой

լայն / նեղ

широкий / узкий

ուտելի / անուտելի

съедобный / несъедобный

չար / բարի

злой / дружелюбный

հուզված / ձանձրացրել

взволнованный / скучающий

հաստ / բարակ

толстый / худой

առաջին / վերջին

сначала / в конце

ընկերը / թշնամին

друг / враг

լիքը / դատարկ

полный / пустой

կոշտ / փափուկ

твёрдый / мягкий

ծանր / թեթև

тяжёлый / легкий

քաղց / ծարավ

голод / жажда

հիվանդ / առողջ

больной / здоровый

անօրինական է / իրավաբանական

незаконный / законный

Խելացի / հիմարություն

умный / глупый

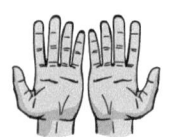

ձախ / աջ

слева / справа

մոտիկ / հեռու

близко / далеко

Նոր / օգտագործվում

новый / подержанный

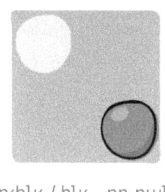

ոչինչ / ինչ - որ բան

ничто / нечто

ծեր / երիտասարդ

старый / молодой

միացում անջատում

включено / выключено

բաց / փակ

открыто / закрыто

ցածր / բարձր

тихо / громко

հարուստ / աղքատ

богатый / бедный

ճիշտ / սխալ

правильный / неправильный

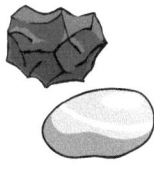

անհարթ / հարթ

шероховатый / гладкий

տխուր / ուրախ

ечальный / счастливый

կարճ / երկար

короткий / длинный

դանդաղ / արագ

медленный / быстрый

թաց / չոր

мокрый / сухой

տաք / թույն

тёплый / прохладный

պատերազմ / խաղաղություն

война / мир

թվեր
цифры

0	1	2
զրո	մեկ	երկու
ноль	один	два
3	4	5
երեք	չորս	հինգ
три	четыре	пять
6	7	8
վեց	յոթ	ութ
шесть	семь	восемь
9	10	11
ինը	տաս	տասնմեկ
девять	десять	одиннадцать

12
տասներկու

двенадцать

13
տասներեք

тринадцать

14
տասնչորս

четырнадцать

15
տասնհինգ

пятнадцать

16
տասնվեց

шестнадцать

17
տասնյոթ

семнадцать

18
տասնութ

восемнадцать

19
տասնինը

девятнадцать

20
քսան

двадцать

100
հարյուր

сто

1.000
հազար

тысяча

1.000.000
միլիոն

миллион

լեզուներ

языки

անգլերեն

английский

ամերիկյան անգլերեն

американский английский

չինարեն մանդարին

мандаринский китайский

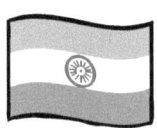

հինդի

хинди

իսպաներեն

испанский

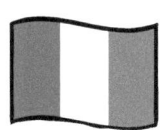

ֆրանսերեն

французский

արաբերեն

арабский

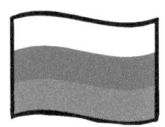

ռուսերեն

русский

պորտուգալերեն

португальский

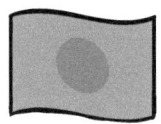

բենգալերեն

бенгальский

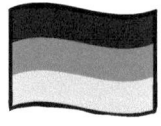

գերմաներեն

немецкий

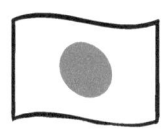

ճապոներեն

японский

Ով է /, թե ինչ է /, ինչպես

кто / что / как

ես

я

դուք

ты

Նա / նա /, որ դա

он / она / оно

մենք

мы

դուք

вы

նրանք

они

Ով է?

кто?

ինչ?

что?

ինչպես?

как?

որտեղ.

где?

երբ?

когда?

անուն

имя

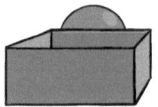

որտեղ

где

ետևում

за

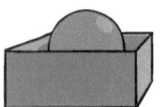

մեջ

в

դիմաց

перед

վրա

над

վրա

на

տակ

под

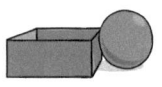

կողքին

рядом

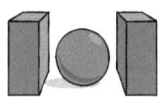

միջեւ

между

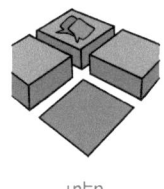

տեղ

место